Todos los libros de Linkgua Ediciones cuentan con modelos de Inteligencia Artificial entrenados por hispanistas. Pregúntale al chat de tu libro lo que desees acerca de la obra o su autor/a.

Para ebooks: Accede a nuestro modelo de IA a través de este enlace.

Para libros impresos: Escanea el código QR de la portada con tu dispositivo móvil.

Obtén análisis detallados de nuestros libros, resúmenes, respuestas a tus preguntas y accede a nuestras ediciones críticas generativas para una experiencia de lectura más enriquecedora.
La transparencia y el respeto hacia la autoría de las fuentes utilizadas son distintivos básicos de nuestro proyecto. Por ello, las respuestas ofrecen, mediante un sistema de citas, las fuentes con las que han sido elaboradas.

Gonzalo de Berceo

De los signos que aparesçerán
antes del juiçio

Barcelona 2024
Linkgua-ediciones.com

Créditos

Título original: De los signos que aparesçeran ante del juiçio.

© 2024, Red ediciones S.L.

e-mail: info@Linkgua-ediciones.com

Diseño de cubierta: Michel Mallard.

ISBN rústica: 978-84-9816-242-4.
ISBN ebook: 978-84-9897-814-8.

Sumario

Brevísima presentación

La vida
Gonzalo de Berceo (Berceo, Logroño, 1195-d. 1264). España.

Pertenece a la tradición literaria llamada «mester de clerecía», integrada por eclesiásticos y hombres de letras. Se educó en el monasterio de San Millán de la Cogolla (La Rioja), en el que ofició como clérigo secular, y fue más tarde diácono (c. 1120) y presbítero (c. 1237).

De los signos que aparesçerán antes del juiçio

Sennores, si quisieredes attender un poquiello,   1
Querriavos contar un poco de ratiello
Un sermon que fue priso de un sancto libriello
Que fizo Sant Iheronimo un preçioso cabdiello.
Nuestro padre Iheronimo pastor de nos entienda, 2
Leyendo en ebreo en essa su leyenda
Trovó cosas estrannas de estranna façienda:
Qui las oyr quisiere, tenga que bien merienda.
Trovó el omne bueno entre todo lo al   3
Que ante del juiçio, del juiçio cabdal,
Veman muy grandes signos un fiero temporal,
Que se verá el mundo en pressura mortal.
Por esso lo escribió el varon acordado,   4
Que se tema el pueblo que anda desviado,
Meiore en costumbres, faga a Dios pagado,
Que non sea de Xpo entonçe desemparado.
Esti será el uno de los signos dubdados: 5
Subirá a las nubes el mar muchos estados,
Mas alto que las sierras e mas que los collados,
Tanto que en sequero fincarán los pescados.
Pero en su derecha será el muy quedado,   6
Non podrá estenderse, será commo elado,
Commo parés enfiesta o muro bien labrado,
Quiquiera que lo vea, será mal espantado.
En el segundo dia pareçerá affondado,   7
Mas baxo que la tierra, bien tanto commo fue
puyado,
De catarlo nul omne Sol non será pensado;
Pero será ayna en su virtut tornado.
En el terçero signo nos conviene fablar,   8

Que será grant espanto e un fiero pesar:
Andarán los pescados todos sobre la mar
Metiendo grandes voçes non podiendo quedar.

Las aves esso mesmo menudas e granadas   9
Andarán dando gritos todas mal espantadas:
Assi farán las bestias por domar e domadas,
Nan podrán a la noche tomar a sus posadas.

El signo empues esti es mucho de temer,   10
Los mares e los rios andarán a grant poder,
Desarrarán los omnes, iranse a perder,
Querrianse, si podiesen, so la tierra meter.

El quinto de los signos será de grant pavura,   11
De yerbas et de arbores et de toda verdura,
Commo diçe Sant Iheronimo, manará sangre pura:
Los que non lo vieren, serán de grant ventura.

Será el dia sexto negro e carboniento,   12
Non fincará ninguna labor sobre çimiento,
Nin castiellos nin torres nin otro çerramiento
Que non sea destruido e todo a fondamiento.

En el dia septeno verná priessa mortal,   13
Avran todas las piedras entre si lit campal,
Lidiarán commo omnes que se quieren fer mal,
Todas se faran piezas menudas commo sal.

Los omnes con la cuyta e con esta pressura,   14
Con estos tales signos de tan fiera figura
Buscarán do se metan en alguna angustura:
Dirán: montes cubritnos, ca somos en ardura.

En el octavo dia verná otra miseria,   15
Tremerá todo el mundo mucho de grant manera,
Non se terná en pies ninguna calavera,
Que en tierra non caya, non será tan ligera.

En el noveno dia vernán otros porteros,   16

Aplanarse an las sierras e todos los oteros,
Serán de los collados los valles companneros,
Todos serán iguales carreras e senderos.
El dia que viniere, el noveno passado,   17
Saldrán todos los omnes cada uno de su forado,
Andarán estorcidos, pueblo mal desarrado,
Mas de fablar ninguno solo non será pensado.
El del onçeno dia si saber la queredes,   18
Será tan bravo signo que vos espantaredes:
Abrirse an las fuessas que çerradas veedes,
Saldrán fuera los huessos de entre las paredes.
Non será el doçeno quien lo ose catar,   19
Ca verán por el çielo grandes flamas volar,
Verán a las estrellas caer de su logar.
Commo caen las fojas quando caen del figar.
Del treçeno fablemos, los otros terminados,   20
Morrán todos los omnes menudos e granados,
Mas a poco de termino serán resuçitados,
Por venir a juyçio justos e condenados.
El dia quarto deçimo será fiera barata,   21
Ardrá todo el mundo, el oro e la plata,
Balanquines e purpuras, xamit e escarlata,
Non fincará conejo en cabo nin en mata.
El dia postrimero commo diçe el Propheta,   22
El angel pregonero sonará la corneta.
Oyrlo an los muertos cada uno en su capseta,
Correrán al juiçio quisque con su maleta.
Quantos nunca nasçieron e fueron engendrados, 23
Quantos almas ovieron e fueron vivificados,
Si los comieron aves ó fueron ablentados,
Todos en aquel dia alli serán juntados.
Quantos nunca murieron en quatquiera edat,   24

Ninnos o eguados o en grant vegedat,
Todos de treinta annos, cuento de trinidat,
Vernan en essi dia ante la magestat.
Serán puestos los justos a la diestra partida,   25
Los malos a sinistro, pueblo sines medida,
El Rey será en medio con su az revestida,
Çerca de la Gloriosa de caridat cumplida.
Alli será traydo Judas el traydor,   26
Que por su abçe mala vendió a su sennor:
Commo él lo meresçe verná con tal honor,
Verase en porfazo, non podrá en maior.
Tornarse a los justos ha el Rey glorioso,   27
Façerlis a un sermon temprado e sabroso:
Venit los benedictos del mi padre preçioso,
Resçebit el mi regno largo e deliçioso.
Resçebit galardon de la que me serviestes,   28
Ca quando ove fambre, vos bien me apaçiestes,
Vidiestesme sediento, bien a beber me diestes,
Si me menguó vestido, de grado me vestiestes.
Quando a vuestras puertas demandaba posada,   29
Vos luego me la diestes con voluntat pagada:
En las cuitas que ovi, fallé en vos entrada :
Quierovos yo agora de todo dar soldada.
De lo que me serviestes buen gualardon abredes   30
Por seculorum secula conmigo regnaredes,
Vivredes en grant gloria, nunca pesar avredes,
Siempre laudes angelicas ante mi cantaredes.
Tornará a siniestro sannoso e irado,   31
Deçirles a por nuevas un esquivo mandado:
Ydvos maldictos ministros del peccado,
Yt con vuestro maestro, vuestro adelantado.
Yt arder en el fuego que está avivado   32

Para vos e a Luçifer e a todo su fonsado :
Acorro non avredes, esto es delibrado :
A qual sennor serviestes reçibredes tal dado.
Quando fambre avia, andaba muy lazdrado,   33
Oyrme non quisiestes, nin darme un bocado;
Si io grant set avia non aviades cuidado,
E muy bien vos guardastes de darme hospedado.
Si vos alguna cosa me oviesedes dada,   34
Yo bien vos la ternia agora condessada;
Mas fuestes tan cruos que non me diestes nada:
Io la vuestra crueza non la e olvidada!
Quando el pobreçiello a vuestra puerta vino   35
Pediendo en mi nombre con habito mezquino,
Vos dar non le quisiestes nin del pan nin del vino:
Oi, si vos dél pensassedes, él vos seria padrino.
Pressos serán los angeles, angeles infernales,   36
Con candelas ardientes e con fuertes dogales
Coger los an delante con azotes mortales,
Ihu Xpo nos guarde de tales serviçiales.
Levarlos an al fuego, al fuego infernal,   37
Do nunca verán lumbre, sinon cuyta e mal,
Darlis an sendas saias de un aspero sayal
Que cada una dellas pesara un quintal.
Averán fambre e frio, temblor e callentura,   38
Ardor vuelto con frio, set fiera sin mesura,
Entre sus corazones averan muy grant ardura,
Que creer non quisieron la sancta Scriptura.
Comerlos an serpientes e los escorpiones   39
Que an amargos dientes, agudos aguijones:
Meterlis an los rostros fasta los corazones,
Nunca abrán remedio en ningunas sazones.
Darlis an malas çenas et peores yantares,   40

Grant fumo a los oios, grant fedor a las nares,
Vinagre a los labros, fiel a los paladares,
Fuego a las gargantas, torzon a los yjares.
Colgarán de las lenguas los escatimadores,   41
Los que testiguan falso, e los escarnidores;
Non perdonarán a reyes nin a emperadores,
Avran tales servientes quales fueron sennores.
Los omnes cudiçiosos del aver monedado.   42
Que por ganar riqueza non dubdan fer peccado,
Metranlis por las bocas el oro regalado:
Dirán que non oviesen atal aver ganado.
Los falsos menestrales e falsos labradores   43
Alli darán emienda de las falsas labores :
Alli prendran emienda de los falsos pastores
Que son de fer cubiertas maestros sabidores.
Algunos ordenados que lievan las hobladas,   44
Que viven seglarmente, tienen suçias posadas,
Non lis avran verguenza las bestias enconadas:
Darlis an por offrenda grandes aguisonadas.
Los omnes soberbiosos que roban los mequinos, 45
Que lis quitan los panes, assi façen los vinos,
Andarán mendigando corvos commo ençinos;
Conteçerá eso mismo a los malos merinos.
Los que son invidiosos, aquessos malfadados,   46
Qui por el bien del proximo andan descolorados,
Serán en el infierno de todos coçeados,
Ferlis an lo que façen madrastras a antenados.
Las penas del infierno de dur serian coritadas,   47
Ca destas son muchas e mucho mas granadas:
Ihu Xpo nos guarde de tales pescozadas
Qui guardó a Sant Peidro en las ondas iradas.
Cambiemos la materia, en otro son tornemos,   48

En razon dessabrida mucho non detardemos,
A la buena companna de los justos tornemos,
El bien que esperamos es so versifiquemos.

El Rey de los reyes, alcalde derechero,   49
Qui ordena las cosas sin ningun consegero,
Con su proçession rica, pero él delantero
Entrará en la gloria del Padre verdadero.

La companna preçiosa de Xpo consagrada,   50
Del padre bendicha, del fijo combidada,
Entrará en el çielo alegre e pagada
Rendiendo a Dios graçias e a la Virgen ondrada.

Los angeles del çielo farán grant alegria,   51
Nunca maior de aquella fiçieron en un dia,
Ca veran que lis cresçe solaz e compannia:
Dios mande que entremos en essa confradia.

Dexemos de las penas de los malastrugados,   52
Digamos de los gozos de los bien aventurados,
Estos serán mas grandes, demas serán doblados,
Que la alma con el cuerpo ambos seran juntados.

El cuerpo y el alma yaçerán en refrigerio,   53
Eso clama doblado gozo el Evangelio:
Otrosi los dampnados abrán doble laçerio,
Debia movernos mucho solo esti proverbio.

De la primera graçia vos queremos deçir: 54
Aberán vida sin termino, nunca an de morir,
Demas serán tan claros, non vos cuido mentir,
Non podrian siete soles tan fuerte-mente luçir.

Serán mucho sobtiles, en veer muy çerteros,   55
Non lis farán embargo nin sierras, nin oteros,
Nin nieblas, nin calinas, nin leguas nin migeros:
Verán del mundo todo los cabos postrimeros.

Avrán la quarta graçia por mayor cumplimiento,56

Serán mucho ligeros mas que non es el viento,
Volarán suso e yuso a todo su taliento:
Escripto yaçe esto, sepades que non vos miento.
Assi serán ligeros, esta es la verdat,   57
Commo es en nos mismos la nuestra voluntat,
Que corre quanto quiere sin nulla cansedat,
En qual comarca quiere y prende veçindat.
Avrá el quinto gozo que de todos mas val,   58
Que serán bien seguros de nunca aver mal:
Sennor que a sus siervos da gualardon tal,
Essi es verdadero, nadi non crea al.
Todos abrán femençia en laudar al sennor,   59
Abrán entri todos caridat y amor,
Non ternán por la paz oraçion nin clamor,
Nin catarán las nubes si tienen mal color.
Ihu Xpo nos lieve a essa compannia   60
Do tantos bien en iaçen e tanta alegria:
Guyenos la Gloriosa madre Sancta Maria,
Que es fuente de graçia e mana cada dia.
Quando el Rey de gloria viniere a judicar,   61
Bravo commo leon que se quiere çebar,
Quien será tan fardido que le ose esperar,
Ca el leon yrado sabe mal trevejar?
Las virtudes del çielo, diçelo la escriptura,   62
Las que nunca fiçieron liviandat nin locura,
Essas en essi dia abrán muy gran pavura,
Ca verán el alcalde irado sin mesura.
Quando los angeles sanctos tremerán con pavor, 63
Que yerro non fiçieron contra el su sennor;
Qué faré io mezquino que so tan peccador?
Bien de agora me espanto, tanto e grant pavor.
Porque de la su vista me quiera asconder,   64

Nin será aguisado, nin abria poder:
Yo razon non podria contra él mantener,
Seo mal aguisado por ante él paresçer.
Non abrá essi dia ningunos rogadores,   65
Todos serán callando justos et peccadores:
Todos abrant grant miedo et muy grandes tem-
blores;
Pero los de siniestro mas grandes e peores.
Verán por el su oio los infiernos ardientes,   66
Commo tienen las bocas abiertas las serpientes,
Commo sacan las lenguas e aguzan los dientes,
Entendran bien que tienen a mala parte mientes.
Aquel será el dia que diçe la Scriptura   67
Que será mucho luengo e de grant amargura:
Onde debiamos todos aver ende pavura:
Será qui al fiçiere de grant mala ventura.
Luengo será el dia a los bien aventurados,   68
Ca nunca avrán noche que sean embargados:
Será amargo mucho para los condenados,
Que serán para siempre del bien desfeduzados.
El dia del juiçio mucho es de temer,   69
Mas que ninguna cosa que podiesse seer:
Avrá omne sus males ante si a traer,
Non podrá nulla cosa de su mal esconder.
Todo quanto que fizo menudo e granado,   70
Fuera si penitençia lo ovo deslavado,
Todo será a ojo en medio del mercado:
Conosçerlo an todos, non lis será çelado.
Las vidas de los omnes alli serán contadas,   71
De malos e de buenos seran fuerte porfazadas;
Commo seran abiertas sin puertas las posadas,
Paresçeran las paredes que fueron mal tapiadas.

La cuyta del juiçio será muy desguisada,   72
Por omnes nin por angeles nunca será asmada:
Valanos Ihu Xpo la su virtut sagrada,
Que entonçe non podamos caer en desprunada!
Si cataren a suso, verán a Dios irado,   73
De yuso el infierno ardiente et avivado,
Derredor diablos sobra grant en fonsado,
Con vision tan brava quien non será coytado?
Si çerraren los ojos porque non vean nada,   74
Dentro será el vierven que roe la corada,
La mala repentençia de la vida passada
Que fue mala et suçia, fediente e enconada.
Ihu Xpo nos guarde de tales visiones   75
A todos los xpianos mugeres e varones:
Poral diablo sean tales discreçiones,
Que da a sus amigos amargos galardones.
Los qui somos xpianos en Xpo creemos,   76
Si estas visiones escusarlas queremos,
Meioremos las vidas, penitençias tomemos,
Ganaremos la gloria, el mal escusaremos.
Digamos pater noster, que nos ésto ganemos,   77
Laudemus a la Gloriosa, merçet nos li clamemos:
Todos Ave Maria a su honor cantemos
Que nos con el su fijo et con ella regnemos.

Fin

Libros a la carta

A la carta es un servicio especializado para
empresas,
librerías,
bibliotecas,
editoriales
y centros de enseñanza;
y permite confeccionar libros que, por su formato y concepción, sirven a los propósitos más específicos de estas instituciones.

Las empresas nos encargan ediciones personalizadas para marketing editorial o para regalos institucionales. Y los interesados solicitan, a título personal, ediciones antiguas, o no disponibles en el mercado; y las acompañan con notas y comentarios críticos.

Las ediciones tienen como apoyo un libro de estilo con todo tipo de referencias sobre los criterios de tratamiento tipográfico aplicados a nuestros libros que puede ser consultado en Linkgua-ediciones.com.

Linkgua edita por encargo diferentes versiones de una misma obra con distintos tratamientos ortotipográficos (actualizaciones de carácter divulgativo de un clásico, o versiones estrictamente fieles a la edición original de referencia).

Este servicio de ediciones a la carta le permitirá, si usted se dedica a la enseñanza, tener una forma de hacer pública su interpretación de un texto y, sobre una versión digitalizada «base», usted podrá introducir interpretaciones del texto fuente. Es un tópico que los profesores denuncien en clase los desmanes de una edición, o vayan comentando errores de interpretación de un texto y esta es una solución útil a esa necesidad del mundo académico.

Asimismo publicamos de manera sistemática, en un mismo catálogo, tesis doctorales y actas de congresos académicos, que son distribuidas a través de nuestra Web.

El servicio de «libros a la carta» funciona de dos formas.

1. Tenemos un fondo de libros digitalizados que usted puede personalizar en tiradas de al menos cinco ejemplares. Estas personalizaciones pueden ser de todo tipo: añadir notas de clase para uso de un grupo de estudiantes, introducir logos corporativos para uso con fines de marketing empresarial, etc. etc.

2. Buscamos libros descatalogados de otras editoriales y los reeditamos en tiradas cortas a petición de un cliente.

LK